Ofelia Franssons ABC

Text: Måns Gahrton
Bild: Johan Unenge

BonnierCarlsen

A a som i Apan
som kallas för Åsa

Bb

som i Buren
som någon glömt att låsa

C c

som i Cykeln
som står där utanför

D d som i Damen
som ropar ”Apan kör!”

E e

som i Elden
där skräp slängs just idag

F f

som i Flickan
som står där, det är jag

G g

som i Gatan
där vakter går förbi

H h

som i Hatten
jag gömmer Åsa i

I i

som i Igelkotten
Åsa trampar på

J j

som i Jagad
för det blir Åsa då

K k

som i Kameran
pappa tappar när vi flänger

L l

som i Luftballongen
som utanför oss hänger

M m

som i Madrassen –
från den vi studsar ut

N n som i Natten –
den kommer ju till slut

O o

som i Ost –
vi har mat i vår ballong

P p

som i Plötsligt
så sjunger vi en sång

Q q

som är en bokstav
som mest är till besvär

R r

som i Repet
”Vi behöver nog det här!”

S s

som i Solen
som bränner
mer och mer

T t

som i Trasigt

”Ett hål! Vi faller ner!”

U u

som i Under –
vi hamnar under vatten

V v

som i Valen –
i stjärten får vi fatt den

X x

som mitt i laXen
som vinkar glatt åt oss

Y y

som i Yxan
med den vi hugger loss

Z z

som i Zoo

där hon slapp att stanna kvar

Å å

som i Åsa
kommer hem till mor och far

Ä ä

som i Äventyret
slutar nu, min vän